Jorge Manrique

Las mejores poesías
de los mejores poetas

Diseño, maquetación e impresión:
Gráficas MAXTOR
Fray Luis de León, 20
47002 Valladolid
Tel.: 983 090 110
pedidos@maxtor.es
www.maxtor.es

I.S.B.N. : 978-84-1171-068-8

Depósito Legal : DL VA 321-2024

Jorge Manrique

Nace en Paredes de Nava en 1440 y muere en Sta. Mª del Campo (Cuenca) en 1479. El cuarto hijo de D. Rodrigo Manrique y Dª Mencía de Figueroa.

Muy pronto pasó a formar parte de la Orden de Santiago y a los 24 años era ya capitán de tropas y Comendador de Montizón. Sus primeros contactos con las armas y la guerra posiblemente fueron en la frontera granadina al lado de su padre, D. Rodrigo, que llevó a cabo varias campañas desde 1455. Profundamente entregado a las armas y a las letras, no se casó hasta cumplidos los 30 años y lo hizo con Dª Guiomar de Castañeda y Meneses, la hermana pequeña de la tercera esposa de su padre, con la que se había desposado el año anterior. Con ella tuvo dos hijos, Luisa y Luis.

En 1464 es considerado caballero y capitán de tropas y al año siguiente inicia el asedio de la encomienda de Montizón, que durará dos largos años por la ayuda que reciben del conde Iranzo los sitiados. En 1470 prestó ayuda a su primo Álvaro de Estúñiga, el cual disputaba el Priorato de la Orden de San Juan a D. Juan de Valenzuela. Seis meses después moría en su villa de Ocaña el Maestre D. Rodrigo, víctima de un cáncer que le desfiguró el rostro. Un momento crucial del poeta que en el dolor por la desaparición de su ser más querido, hace brotar de su interior los versos más profundamente sentidos y los que más fama y gloria le han dado.

Participó en la política de su tiempo contra el rey Enrique IV y en defensa de la sucesión del infante D. Alfonso; pero cuando éste murió, siguió decididamente el bando de la futura Isabel la Católica, a la que sirvió hasta su muerte. Muerte que encontró la noche del 24 de abril de 1479, en las cercanías del castillo de Garci-Muñoz al ser herido de muerte por Pedro Baeza, cuando tan solo contaba con 39 años. Fue enterrado junto a su padre en el Monasterio de Uclés de la Orden de Santiago.

Es una muerte escondida

I

Es una muerte escondida
este mi bien prometido,
mas no puedo ser querido
sin peligro de mi vida.

II

Mas sólo porque me quiera
quien en vida no me quiere,
yo quiero sufrir que muera
mi vivir, pues siempre muere;
y en perder vida perdida
no me cuento por perdido,
pues no puedo ser querido
sin peligro de mi vida.

Pregunta (A Guevara)

Porque me hiere un dolor
quiero saber de vos, cierto,
cuando matasteis Amor
si lo dejasteis bien muerto;

o si había más amores
para dar pena y cuidado,
o si ha resucitado,
porque, según mis dolores,
Amor me los ha causado.

Respuesta (A Guevara)

Los males que son menores
de amor, es mi opinión
que más y mayores son
de los que de él son mayores;
y el Dios de los amadores
no da favor ni destierra
cuando son merecedores;
mas do la virtud se encierra,
la gracia cobra más tierra.

Ni miento ni me arrepiento

Ni miento ni me arrepiento,
ni digo ni me desdigo,
ni estoy triste ni contento,
ni reclamo ni consiento,
ni fío ni desconfío;
ni bien vivo ni bien muero,
ni soy ajeno ni mío,
ni me venzo ni porfío,
ni espero ni desespero.

Conmigo solo contiendo
en una fuerte contienda,
y no hallo quién me entienda
ni yo tampoco me entiendo;
entiendo y sé lo que quiero,
mas no entiendo lo que quiera
quien quiere siempre que muera
sin querer creer que muero.

Pregunta (A Juan Álvarez Gato)

Después que el fuego se esfuerza
del amor, en cualquier parte
no vale esfuerzo ni fuerza,
seso ni maña ni arte;
ni vale consejo ajeno,
ni hay castigo ni enmienda,
ni vale malo ni bueno,
ni vale tirar del freno,
ni vale darle la rienda.

Pues no aprovecha probarlo
para haberle de matar,
muy mejor será dejarlo
que se acabe de quemar;
que con aquello que entiende
matar el fuego cruel,
con eso mismo lo prende,
porque tanto más lo enciende
cuanto más echan en él.

Era excusado pedir
remedio para mi mal,
pues que tengo de morir
por remedio principal.
Así que estoy en temor
bien cierto de mala suerte,
pues me hallo ser mejor
el remedio que el dolor,
ni el remedio que la muerte.

Vuestra discreción me hace
tener alguna esperanza,
y mi ventura deshace,
mi bien y mi confianza;
mas dígame lo que pido,
aunque remedio no tenga:
yo estoy cerca de perdido
y lejos de socorrido,
y quieren que me detenga.

PORQUE ESTANDO ÉL DURMIENDO LE BESÓ SU AMIGA

I

Vos cometisteis traición,
pues me heristeis, durmiendo,
de una herida que entiendo
que será mayor pasión
el deseo de otra tal
herida como me disteis,
que no la llaga mi mal
ni daño que me hicisteis.

II

Perdono la muerte mía;
mas con tales condiciones,
que de tales traiciones,
cometáis mil cada día;
pero todas contra mí,
porque, de aquesta manera,
no me place que otro muera
pues que yo lo merecí.

III

CABO

Más placer es que pesar
herida que otro mal sana
quien durmiendo tanto gana,
nunca debe despertar.

No tardes, Muerte, que muero

I

No tardes, Muerte, que muero;
ven, porque viva contigo;
quiéreme, pues que te quiero,
que con tu venida espero
no tener guerra conmigo.

II

Remedio de alegre vida
no lo hay por ningún medio,
porque mi grave herida
es de tal parte venida,
que eres tú sola remedio.
Ven aquí, pues, ya que muero;
búscame, pues que te sigo:
quiéreme, pues que te quiero,
y con tu venida espero
no tener vida conmigo.

Los fuegos que en mí encendieron

I

Los fuegos que en mí encendieron
los mis amores pasados,
nunca matarlos pudieron
las lágrimas que salieron
de los mis ojos cuitados;
pues no por poco llorar,
que mis llantos muchos fueron,
mas no se pueden matar
los fuegos de bien amar,
si de verdad se prendieron.

II

Nunca nadie fue herido
de fiera llaga mortal,
que tan bien fuese guarido,
que le quedase en olvido
de todo punto su mal:

en mí se puede probar,
que yo no sé qué me haga,
que, cuando pienso sanar,
de nuevo quiebra pesar
los puntos de la mi llaga.

III

Esto hace mi ventura
que tan contraria me ha sido,
que su placer y holgura
es mi pesar y tristura,
y su bien, verme perdido;
mas un consuelo me da
este gran mal que me hace:
que pienso que no tendrá
más dolor que darme ya
ni mal con quien me amenace.

IV

¿Qué dolor puede decir
ventura que me ha de dar,
que no lo pueda sufrir?

Porque después de morir
no hay otro mal ni penar.
Por esto no temo nada,
ni tengo de qué temer,
porque mi muerte es pasada,
y la vida no acabada
que es la gloria que ha de haber.

V

Pues pena muy sin medida,
ni desiguales dolores,
ni rabia muy dolorida,

¿qué pueden hacer a vida
que los desea mayores?
No sé en qué pueda dañarme
ni mal que pueda hacerme,
pues que lo más es matarme.
de esto no puede pesarme,
de todo debe placerme.

VI

CABO

Sobró mi amor, en amor,
al amor más desigual,
y mi tristeza, en tristeza,
al dolor que fue mayor
en el mundo, y más mortal;
y mi firmeza en firmeza
sobró todas las firmezas,
y mi dolor, en dolor,
por perder una belleza
que sobró todas bellezas.

ESCALA DE AMOR

Estando triste, seguro,
mi voluntad reposaba,
cuando escalaron el muro
do mi libertad estaba.
A escala vista subieron
vuestra beldad y mesura,
y tan de recio hirieron,
que vencieron mi cordura.

Luego, todos mis sentidos
huyeron a lo más fuerte,
mas iban ya mal heridos
con sendas llagas de muerte;
y mi libertad quedó
en vuestro poder cautiva;
mas gran placer hube yo
desque supe que era viva.

Mis ojos fueron traidores,
ellos fueron consintientes,
ellos fueron causadores
que entrasen aquestas gentes;
que el atalaya tenían,
y nunca dijeron nada
de la batalla que vían,
ni hicieron ahumada.

Después que hubieron entrado,
aquestos escaladores
abrieron el mi costado
y entraron vuestros amores;
y mi firmeza tomaron,
y mi corazón prendieron,
y mis sentidos robaron,
y a mí sólo no quisieron.

FIN

¡Qué gran aleve hicieron
mis ojos y qué traición:
por una vista que os vieron,
venderos mi corazón!

Pues traición tan conocida
ya les placía hacer,
vendieron mi triste vida
y hubiera de ello placer;
mas al mal que cometieron
no tienen excusación:
¡Por una vista que os vieron,
venderos mi corazón!

JUSTA FUE MI PERDICIÓN

I

Justa fue mi perdición;
de mis males soy contento,

no se espeta galardón,
pues vuestro merecimiento
satisfizo mi pasión.

II

Es victoria conocida
quien de vos queda vencido,
que en perder por vos la vida
es ganado lo perdido.
Pues lo consiente Razón,
consiento mi perdimiento
(sin esperar galardón),
pues vuestro merecimiento
satisfizo mi pasión.

Hallo que ningún poder

Hallo que ningún poder
ni libertad en mí tengo,
pues ni estoy ni voy ni vengo
donde quiere mi querer:
que si estoy, vos me tenéis;
(y) si voy, vos me lleváis;
si vengo, vos me traéis;
así que no me dejáis,
señora, ni me queréis.

A LA FORTUNA

I

Fortuna, no me amenaces,
ni menos me muestres gesto
mucho duro,
que tus guerras y tus paces
conozco bien, y por esto
no me curo;
antes tomo más denuedo,
pues tanto almacén de males
has gastado,
aunque tú me pones miedo
diciendo que los mortales
has guardado.

II

Y ¿qué más puede pasar
dolor mortal ni pasión
de ningún arte,
que herir y atravesar

por medio mi corazón
de cada parte?
Pues una cosa diría,
y entiendo que la jurase
sin mentir:

que ningún golpe vendría
que por otro no acertase
a me herir.

III

¿Piensas tú que no soy muerto
por no ser todas de muerte
mis heridas?
Pues sabe que puede, cierto,
acabar lo menos fuerte
muchas vidas;
mas está en mi fe mi vida,
y mi fe está en el vivir
de quien me pena;
así que de mi herida
yo nunca puedo morir
sino de ajena.

IV

Y pues esto visto tienes,
que jamás podrás conmigo
por herirme,
torna ahora a darme bienes,
por que tengas por amigo
hombre tan firme;
mas no es tal tu calidad
para que hagas mi ruego,
ni podrás,
que hay muy gran contrariedad
porque tú te mudas luego;
yo, jamás.

V

Y pues ser buenos amigos
por tu mala condición
no podemos,
tornemos como enemigos
a esta nuestra cuestión,
y porfiemos;
en la cual, si no me vences,

yo quedo por vencedor
conocido;
pues dígote que comiences
y no debo haber temor,
pues te convido.

VI

Que ya las armas probé
para mejor defenderme
y más guardarme,
y la fe sola hallé
que de ti puede valerme
y defensarme;
mas esta sola sabrás
que no sólo me es defensa,
mas victoria:
así que tú llevarás
de este debate la ofensa;
yo, la gloria

VII

De los daños que me has hecho
tanto tiempo guerreando
contra mí,
me queda sólo un provecho,
porque soy más esforzado
contra ti;
y conozco bien tus mañas,
y en pensando tú la cosa,
ya la entiendo,
y veo cómo me engañas;
mas mi fe es tan porfiosa.
que lo atiendo.

VIII

Y entiendo bien tus maneras
y tus halagos traidores,
nunca buenos,
que nunca son verdaderas
y en este caso de amores,
mucho menos;
ni tampoco muy agudas

ni de gran poder ni fuerza,
pues sabemos
que te vuelves y te mudas;
mas Amor nos manda y fuerza
que esperemos.

IX

Que tus engaños no engañan,
sino al que amor desigual
tiene y prende;
que al mudable nunca dañan,
porque toma el bien, y el mal
no lo atiende.
Estos me vengan de ti:
pero no es para alegrarme
tal venganza,
que pues tú heriste a mí,
yo tenía que vengarme
por mi lanza.

X

Mas venganza que no puede
-sin la firmeza quebrar-
ser tomada,
más contento soy que quede
mi herida sin vengar
que no vengada;
mas, con todo, he gran placer
porque tornan tus bonanzas
y no esperan,
ni duran en su querer
a que vuelvan tus mudanzas
y que mueran.

XI

CABO

Desde aquí te desafío
a fuego, sangre y a hierro,
en esta guerra;
pues en tus bienes no fío,
no quiero esperar más yerro

de quien yerra:
que quien tantas veces miente,
aunque ya diga verdad,
no es de creer;
pues airado ni placiente,
tu gesto mi voluntad
no quiere ver.

ENTRE BIEN Y MAL DOBLADO

Entre bien y mal doblado
pasa un gran río caudal;
yo estoy en cabo del mal
y el río no tiene vado.
Galardón, que era la puente,
es ya quebrada por medio;
¿qué me daréis por remedio,
que el nadar no lo consiente
la fuerza de la creciente?

ACORDAOS, POR DIOS, SEÑORA

I

Acordaos, por Dios, señora,
cuánto ha que comencé
vuestro servicio,
como un día ni una hora
nunca dejo ni dejé
de tal oficio;
acordaos de mis dolores,
acordaos de mis tormentos
que he sentido;
acordaos de los temores
y males y pensamientos
que he sufrido.

II

Acordaos cómo, en presencia,
me hallasteis siempre firme
y muy leal;
acordaos cómo, en ausencia,

nunca pude arrepentirme
de mi mal;
acordaos cómo soy vuestro
sin jamás haber pensado
ser ajeno;
acordaos cómo no muestro
el medio mal que he pasado
por ser bueno.

III

Acordaos que no sentisteis,
en mi vida, una mudanza
que hiciese;
acordaos que no me disteis,
en la vuestra, una esperanza
que viviese;
acordaos de la tristura
que siento yo por la vuestra
que mostráis;
acordaos ya, por mesura,
del dolor que en mí se muestra
y vos negáis.

IV

Acordas que fui sujeto
y soy, a vuestra belleza,
con razón;
acordaos que soy secreto,
acordaos de mi firmeza
y afición;
acordaos de lo que siento
cuando parto y vos quedáis,
o vos partís;
acordaos cómo no miento,
aunque vos no lo pensáis,
según decís.

V

Acordaos de los enojos
que me habéis hecho pasar,
y los gemidos;
acordaos ya de mis ojos,
que de mis males llorar
están perdidos;
acordaos de cuánto os quiero

acordaos de mi deseo
y mis suspiros;
acordaos cómo si muero
de estos males que poseo,
es por serviros.

VI

Acordaos que llevaréis
un tal cargo sobre vos
si me matáis,
que nunca lo pagaréis
ante el mundo ni ante Dios,
aunque queráis;
y aunque yo sufra paciente
a muerte y de voluntad
mucho lo hecho,
no faltará algún pariente
que dé queja a la Hermandad
de tan mal hecho.

VII

Después que pedí justicia,
torno ya a pedir merced
a la bondad,
no porque haya gran codicia
de vivir, mas vos habed
ya piedad;
y creedme lo que os cuento,
pues que mi mote sabéis
que dice así:
ni miento ni me arrepiento,
ni jamás conoceréis
al en mí.4

VIII

CABO

Por fin de lo que desea
mi servir y mi querer
y firme fe,
consentid que vuestro sea,
pues que vuestro quiero ser,

y lo seré,
y perded toda la duda
que tomasteis contra mí
de ayer acá,
que mi servir no se muda,
aunque no pensáis que sí,
ni mudara.

ES MI PENA DESEAR

Es mi pena desear
ser vuestro, de vuestro grado;
que no serlo es excusado
pensar poderlo excusar;
por esto lo que quisiera
es serlo a vuestro placer,
que serlo sin vos querer
desde que os vi me lo era.

En una llaga mortal

I

En una llaga mortal,
desigual,
que está en el siniestro lado,
conoceréis luego cuál
es el leal
servidor y enamorado;
por cuanto vos la hicisteis
a mí después de vencido
en la vencida
que vos, señora, vencisteis
cuando yo quedé perdido
y vos querida.

II

Aquesta triste pelea
que os desea
mi lengua ya declarar,

es menester que la vea
y la crea
vuestra merced sin dudar;
porque mi querer es fe,
y quien algo en él dudase,
dudaría
en duda que cierto sé

que jamás no se salvase
de herejía.

III

Porque gran miedo he tomado
y cuidado
de vuestro poco creer,
por esta causa he tardado
de os hacer antes saber
la causa de aqueste hecho:
cómo han sido mis pasiones
padecidas;
para ser, pues, satisfecho,
conviene ser mis razones
bien creídas.

IV

Señora, porque sería
muy baldía
toda mi dicha razón,
si la duda no porfía
con su guía,
que se llama Discreción;
como en ello ya no dude,
pues es verdad y muy cierto
lo que escribo,
antes que tanto me ayude,
que pues por duda soy muerto,
sea vivo.

V
CABO

Pues es esta una experiencia
que tiene ya conocida
esta suerte,
por no dar una creencia,
no es razón quitar la vida
y dar muerte.

Pensando, señora, en vos

Pensando, señora, en vos,
vi en el cielo una cometa:
es señal que manda Dios
que pierda miedo y cometa

a declarar el deseo
que mi voluntad desea,
porque jamás no me vea
vencido como me veo
en esta fuerte pelea
que yo conmigo peleo.

QUIEN NO ESTUVIESE EN PRESENCIA

I

Quien no estuviese en presencia
no tenga fe en confianza,
pues son olvido y mudanza
las condiciones de ausencia.

II

Quien quisiere ser amado
trabaje por ser presente,
que cuan presto fuere ausente,
tan presto será olvidado:
y pierda toda esperanza
quien no estuviere en presencia,
pues son olvido y mudanza
las condiciones de ausencia.

No sé por qué me fatigo

I

No sé por qué me fatigo,
pues con razón me vencí,
no siendo nadie conmigo
y vos y yo contra mí.

II

Vos por me haber desamado,
yo por haberos querido,
con vuestra fuerza y mi grado,
habemos a mí vencido;
pues yo fui mi enemigo
en darme como me di,
¿quién osará ser amigo
del enemigo de sí?

Diciendo qué cosa es amor

I

Es amor fuerza tan fuerte
que fuerza toda razón;
una fuerza de tal suerte,
que todo seso convierte
en su fuerza y afición;
una porfía forzosa
que no se puede vencer,
cuya fuerza porfiosa
hacemos más poderosa
queriéndonos defender.

II

Es placer en que hay dolores.
dolor en que hay alegría,
un pesar en que hay dulzores,
un esfuerzo en que hay temores,
temor en que hay osadía;
un placer en que hay enojos,

una gloria en que hay pasión,
una fe en que hay antojos,
fuerza que hacen los ojos
al seso y al corazón.

III

Es una cautividad
sin parecer las prisiones,
un robo de libertad,
un forzar de voluntad
donde no valen razones;
una sospecha celosa
causada por el querer,
una rabia deseosa
que no sabe qué es la cosa
que desea tanto ver.

IV

Es un modo de locura
con las mudanzas que hace
una vez pone tristura,
otra vez causa holgura

como lo quiere y le place;
un deseo que al ausente
trabaja pena y fatiga;
un recelo que al presente
hace callar lo que siente,
temiendo pena que diga.

V

FIN

Todas estas propiedades
tiene el verdadero amor;
el falso, mil falsedades,
mil mentiras, mil maldades,
como fingido traidor;
el toque para tocar
cuál amor es bien forjado,
es sufrir el desarmar,
que no puede comportar
el falso sobredorado.

Mɪ temor ha sido tal

Mi temor ha sido tal
que me ha tornado judío;
por esto el esfuerzo mío
manda que traiga señal:
pues viendo cuán poco gano
viviendo en ley que no es buena,
osándoos decir mi pena
me quiero tornar cristiano.

Entre dos fuegos lanzado

Entre dos fuegos lanzado,
donde amor es repartido,
del uno soy encendido,
del otro cerca quemado;

y no sé yo bien pensar
cuál será mejor hacer;
dejarme más encender
o acabarme de quemar:
decid qué debo tomar.

CON DOLORIDO CUIDADO

I

Con dolorido cuidado,
desgrado, pena y dolor,
parto yo, triste amador,
de amores desamparado,
de amores, que no de amor.

II

Y el corazón, enemigo
de lo que mi vida quiere,
ni halla vida ni muere
ni queda ni va conmigo;
sin ventura, desdichado,
sin consuelo, sin favor,
parto yo, triste amador,

de amores desamparado,
de amores, que no de amor.

CADA VEZ QUE MI MEMORIA

I

Cada vez que mi memoria
vuestra beldad representa,
mi penar se torna gloria.
mis servicios en victoria,
mi morir, vida contenta.

II

Y queda mi corazón
bien satisfecho en serviros;
el pago de sus suspiros
halo por buen galardón;

porque vista la memoria
en que a vos os representa,
su penar se torna gloria,
sus servicios en victoria,
su morir, vida contenta.

Cuanto más pienso serviros

I

Cuanto más pienso serviros,
tanto queréis más causar
que gaste mi fe en suspiros
y mi vida en desear
lo que no puedo alcanzar.

II

Bien conozco que estoy ciego
y que mi gran fe me ciega,
y que esperando me niega
que no os venceréis de ruego,
y que, por mucho serviros,
no dejaréis de causar
que gaste mi fe en suspiros
y mi vida en desear
lo que no puedo alcanzar.

Callé por mucho temor

Callé por mucho temor;
temo, por mucho callar,
que la vida perderé;
así con tan grande amor
no puedo, triste, pensar
qué remedio me daré.
Porque alguna vez hablé,
halléme de ello tan mal,
que, sin duda, más valiera
callar, mas tan bien callé
y pené tan desigual,
que, más callando, muriera.

Yo callé males sufriendo

Yo callé males sufriendo,
y sufrí penas callando;
padecí no mereciendo,
y merecí padeciendo
los bienes que no demando:
si el esfuerzo que he tenido
para callar y sufrir,
tuviera para decir,
no sintiera mi vivir
los dolores que ha sentido.

QUIEN TANTO VEROS DESEA

I

Quien tanto veros desea,
señora, sin conoceros,
¿qué hará después que os vea,
cuando no pudiere veros?

II

Gran temor tiene mi vida
de mirar vuestra presencia,
pues amor en vuestra ausencia
me hirió de tal herida;
aunque peligrosa sea,
deliro de conoceros,
y si muero porque os vea,
mi victoria será veros.

COPLAS A UNA BEODA QUE TENÍA EMPEÑADO UN BRIAL EN LA TABERNA

Hanme dicho que se atreve
una dueña a decir mal,
y he sabido cómo bebe
continuo sobre un brial;
y aun bebe de tal manera
que, siendo de terciopelo,
me dicen que a chico vuelo
será de la tabernera.

II

Está como un serafín
diciendo ya: «¡Ojalá
estuviese San Martín
adonde mi casa está!»
De Valdiglesias se entiende
esta petición, y gana
por ser de allí parroquiana
pues que tal vino se vende.

III

Y reza de cada día,
esta devota señora,
esta santa letanía
que pondremos aquí ahora,
(en medio del suelo duro
hincados los sus hinojos,
llorando de los sus ojos
de beber el vino puro)

IV

«¡Oh, beata Madrigal
ora pro nobis a Dios!»
«¡Oh, santa Villa Real,
señora, ruega por nos!»
«¡Santos Yepes, Santa Coca,
rogad por nos al Señor,
porque de vuestro dulzor
no fallezca a la mi boca!»

V

«¡Santo Luque, yo te pido
que ruegues a Dios por mí;
y no pongas en olvido
de me dar vino de ti!»

«¡Oh, tú, Baeza beata,
Úbeda, santa bendita,
este deseo me quita
del torontés que me mata!»

DON JORGE MANRIQUE SACÓ POR CIMERA UNA NORIA CON SUS ARCADUCES LLENOS Y DIJO

Aquestos y mis enojos
tienen esta condición:
que suben del corazón
las lágrimas a los ojos.

A UNA PRIMA SUYA
QUE LE ESTORBABA UNOS AMORES

Cuanto el bien temprar concierta
al buen tañer y conviene,
tanta daña y desconcierta
la prima falsa que tiene;
pues no aprovecha templalla,
ni por ello mejor suena,
por no estar en esta pena,
muy mejor será quebralla
que pensar hacella buena.

¡Oh, mundo! Pues que nos matas...

I

¡Oh, mundo! Pues que nos matas,
fuera la vida que diste
toda vida;
mas según acá nos tratas,
lo mejor y menos triste
es la partida
de tu vida, tan cubierta
de tristezas, y dolores
muy poblada;
de los bienes tan desierta,
de placeres y dulzores
despojada.

II

Es tu comienzo lloroso,
tu salida siempre amarga
y nunca buena,
lo de en medio trabajoso,
y a quien das vida más larga
le das pena.

Así los bienes —muriendo
y con sudor— se procuran
y los das;
los males vienen corriendo;
después de venidos, duran
mucho más.

COPLAS POR LA MUERTE
DE SU PADRE

I

Recuerde el alma dormida,
avive el seso y despierte
contemplando
cómo se pasa la vida,
cómo se viene la muerte
tan callando;
cuán presto se va el placer,
cómo, después de acordado,
da dolor;
cómo, a nuestro parecer,
cualquier tiempo pasado
fue mejor.

. . .

Las mejores poesías de los mejores poetas

1. Hafiz de Shiraz
2. Alfred de Musset
3. Quinto Horacio Flaco
4. William Shakespeare
5. Giosuè Carducci
6. Percy B. Shelley
7. Alphonse de Lamartine
8. William Wordsworth
9. Vicente W. Querol
10. Victor Hugo
11. Gabriela Mistral
12. Dante Alighieri
13. A. Gomes Leal
14. Fray Luis de León
15. Giacomo Leopardi
16. Gabriele D'Annunzio
17. Federico García Lorca
18. Antonio Machado
19. Jorge Manrique
20. Juan Ramón Jiménez
21. Paul Verlaine
22. Miguel Hernández
23. San Juan de la Cruz
24. Rainer Maria Rilke
25. Gustavo Adolfo Bécquer
26. Fernando Pessoa
27. Garcilaso de la Vega
28. Alfonsina Storni